Louis Wolowski

De la Division du sol

et de la valeur croissante de la propriété immobilière en France

 Le code de la propriété intellectuelle du 1er juillet 1992 interdit en effet expressément la photocopie à usage collectif sans autorisation des ayants droit. Or, cette pratique s'est généralisée dans les établissements d'enseignement supérieur, provoquant une baisse brutale des achats de livres et de revues, au point que la possibilité même pour les auteurs de créer des œuvres nouvelles et de les faire éditer correctement est aujourd'hui menacée. En application de la loi du 11 mars 1957, il est interdit de reproduire intégralement ou partiellement le présent ouvrage, sur quelque support que ce soit, sans autorisation de l'Éditeur ou du Centre Français d'Exploitation du Droit de Copie , 20, rue Grands Augustins, 75006 Paris.

ISBN : 978-1978105249

10 9 8 7 6 5 4 3 2 1

Louis Wolowski

De la Division du sol

et de la valeur croissante de la propriété immobilière en France

Table de Matières

Introduction	6
Section I	7
Section II	14
Section III	23
Section IV	33
Notes	38

Introduction

Depuis longtemps, la division du sol est l'objet de discussions purement théoriques. Récemment une proposition relative à la fixation de limites extrêmes que la division du sol ne pourrait pas dépasser est venue donner presque un caractère d'utilité pratique à un débat que réveillaient d'ailleurs les attaques dirigées de nouveau contre notre droit de succession. Ceux qui voudraient porter atteinte au principe de l'égalité des partages, tel qu'il est consacré par le code, invoquent, comme un argument sans réplique, le *morcellement extrême, sans cesse croissant,* du territoire de la France ; ils en dénoncent les *résultats funestes.* À les entendre, la loi qui régit les successions, en fractionnant les parcelles du sol, fait obstacle à la prospérité de l'agriculture française, et devient ainsi une cause permanente de disette et de misère.

Il nous semble aussi intéressant qu'opportun d'examiner, en nous appuyant sur l'enseignement décisif de l'expérience et sur les faits constatés, quelle peut être la valeur de ces assertions, de rechercher si ces griefs sont fondés. Nous nous proposons donc d'étudier les résultats que produit la constitution actuelle de la propriété française, et les effets de notre loi des successions sur la division du sol, en les soumettant au contrôle rigoureux de la statistique. Un travail d'une haute importance, accompli depuis quelques années par l'administration des finances et non publié encore, apporte, comme éléments nouveaux dans la discussion, des chiffres d'une grande valeur, — tout à fait décisifs. En procédant pour 1851 à l'évaluation du prix vénal et du revenu net de la propriété immobilière, recherche qui n'avait pas été reprise depuis 1821, en relevant et en classant *les parcelles* aussi bien que les constructions nouvelles, en indiquant le mode d'exploitation d'après lequel se divise l'ensemble du territoire, ce document permet de mesurer les immenses progrès accomplis depuis 1821 jusqu'en 1851 ; il traduit d'une manière éloquente les conquêtes pacifiques réalisées dans l'espace de trente années, ou, pour parler plus exactement, de vingt-six années, car, durant les quatre dernières de cette période, depuis 1848 jusqu'en 1851, la France a eu assez à faire pour ne pas laisser détruire la prospérité publique, sans pouvoir lui donner une impulsion nouvelle.

Louis Wolowski

Pendant ces vingt-six années, tout avait grandi dans une progression rapide ; aujourd'hui, alors que le mouvement d'expansion de la richesse publique se continue, n'oublions pas que nous recueillons en grande partie le fruit du développement considérable de l'agriculture sous l'empire de notre loi des successions et de la libre division des héritages. La France possède des ressources immenses qui ont frappé tous les yeux, et qui dans beaucoup d'esprits ont causé une surprise profonde. On ne s'était pas rendu un compte suffisant du progrès de la richesse agricole, base solide de tout l'édifice. Sans doute une large carrière s'ouvre de ce côté, beaucoup reste encore à faire, mais beaucoup a déjà été obtenu, ainsi que le constatent les données recueillies pour l'année 1851. Le pays a conquis un accroissement de richesse et de puissance qui lui a permis de développer une force admirable, et qui provient en grande partie du sol lui-même. Si les faits nous montraient que nos lois et notre constitution économique de la propriété, loin d'entraver cet heureux essor, ont été fécondes en avantages matériels et moraux, notre tâche serait remplie.

La question de la petite propriété et du morcellement n'est pas nouvelle en France ; elle peut s'éclairer aussi bien à la lumière des faits accomplis avant la révolution que de ceux qui se sont manifestés depuis cette grande époque. Nous aurons donc à l'étudier dans le passé et dans le présent.

Section I

« La diversité de l'étendue des propriétés est nécessaire. Si l'on abandonne les choses à leur cours naturel, la division des terres sera telle que le demandent la formation et la distribution des richesses. On aura de petites, de moyennes et de grandes propriétés. Il suffit que les lois ne mettent point obstacle à la libre circulation des terres, pour qu'on soit garanti des dangers qu'entraînerait l'excès de leur morcellement ou de leur agglomération. » Ces paroles de M. Droz témoignent de la justesse et de la perspicacité d'un esprit calme et réfléchi. Les faits qu'il nous est permis de connaître aujourd'hui confirment pleinement les prévisions de la science, et les hypothèses inquiétantes imaginées par les adversaires du régime actuel de la propriété territoriale doivent s'effacer devant les enseignements décisifs de la réalité. La France n'a pas fait fausse route en adoptant les principes libéraux qui dominent notre législation civile.

Ceux qui ont combattu ces principes ont cru voir dans la division des héritages et dans la libre disposition du sol une cause permanente d'appauvrissement de la production et d'accroissement désordonné de la population. À les entendre, nous marchions à grands pas vers le triste spectacle d'innombrables légions de misérables occupés à se disputer une insuffisante nourriture. Rien de plus dangereux que de céder à cette tendance dialectique, qui fait envisager comme fatalement nécessaires les conséquences mathématiques d'une règle admise : parce qu'il *est possible* de diviser le sol à l'infini, il n'en résulte point que le territoire *doive* s'émietter pour ainsi dire et tomber *en poussière*. La question est plus complexe et la solution beaucoup moins simple qu'on ne semble le supposer ; le même principe amène des résultats entièrement différents, suivant le développement de l'intelligence, l'accumulation du capital, la densité de la population, la puissance productive du travail, l'importance du marché de consommation, la facilité des voies de communication, l'état de la culture, la nature du sol, les progrès de l'industrie, la coexistence d'occupations accessoires, etc. Les proportions dans lesquelles le sol peut utilement se répartir entre les habitants sont essentiellement variables : aucune limite absolue ne saurait être admise à cet égard sans créer plus d'inconvénients qu'elle n'amènerait d'avantages. Une limite quelconque possède un caractère essentiellement local, et se déplace sans cesse. Au lieu de recourir à l'intervention du législateur, il est plus sûr et plus opportun d'éclairer le cultivateur sur son intérêt véritable, et de faire appel aux lumières de la raison plutôt qu'aux injonctions de la loi.

On commettrait une étrange erreur, si l'on pensait que la division du sol et la petite culture sont chose nouvelle en France. Longtemps avant la révolution, le paysan est devenu propriétaire. Il était, il est vrai, assujetti, sous des formes multiples, à des charges féodales que 1789 lui a permis de secouer ; mais, si la révolution a beaucoup fait pour affranchir la petite propriété et pour l'étendre, elle ne l'a pas créée. Cette vérité a été dernièrement mise en lumière par M.

de Tocqueville dans son remarquable ouvrage sur *l'ancien Régime et la Révolution*, et les résultats qu'il a constatés se rencontrent pleinement avec les observations faites par un jurisconsulte distingué, M. Championnière, prématurément enlevé à la science du droit.

En consultant les documents qui mettent sur la voie de l'ancienne division du territoire, on constate avec surprise, dans un grand nombre de localités, que le chiffre des propriétaires ne s'éloignait pas beaucoup du chiffre actuel. Les causes premières qui produisaient cet état de choses n'ont pas changé, « Les terres se vendent toujours au-delà de leur valeur, dit un écrivain du temps, excellent observateur ; ce qui tient à la passion qu'ont tous les habitants pour devenir propriétaires. Toutes les épargnes des basses classes, qui ailleurs sont placées sur des particuliers et dans les fonds publics, sont destinées en France à l'achat des terres. » Ce qui a surtout frappé Arthur Young dans le cours de son voyage en France, c'est la grande division du sol parmi les paysans. Il affirme que plus du tiers du sol leur appartient. Les substitutions, les droits de primogéniture et les autres règles qui dominaient la distribution des fortunes dans les rangs élevés de la société ne s'appliquaient point au modeste avoir du cultivateur : aussi trouve-t-on, dans un rapport secret fait à un intendant quelques années avant la révolution, ce passage qu'on croirait écrit d'hier : « Les successions se subdivisent d'une manière égale et inquiétante, et, chacun voulant avoir de tout et partout, les pièces de terre se trouvent divisées à l'infini et se subdivisent sans cesse. » A la même époque, Turgot parlait de la division des héritages, qui *empêche les enfants de subsister uniquement de la terre*, et Necker constatait qu'il y avait alors une *immensité* de petites propriétés rurales.

Ce résultat était dû à la fois au génie national, à la rareté du capital d'exploitation, à la nature du sol et aux progrès déjà accomplis. Le régime de la petite propriété semble, s'il nous est permis de nous exprimer ainsi, inhérent à la constitution de la France : voilà ce que ne pouvaient comprendre ni Arthur Young ni Malthus. Aussi combien leurs sombres prévisions n'ont-elles pas été démenties par les faits ! « Les paysans, dit Arthur Young, ont partout de petites propriétés en France, à un point dont nous n'avons pas d'idée. Le nombre en est si grand que je croirais *qu'il comprend un tiers du royaume.* Ces petites propriétés existent même dans les provinces où les autres modes de tenure dominent. Il se trouve quelques paysans riches, mais en général ils sont pauvres à cause de la trop grande division de leurs terres entre leurs enfants. J'ai vu plus d'une fois cette division portée à tel excès que dix perches de terre, avec un arbre fruitier au milieu, formaient le siège d'une famille... La division des fermes et la population, ajoute le même écrivain, sont si grandes, que la misère qui en résulte est, en quelques endroits, extrême... J'ai vu des fermes *d'un quart d'acre...* La population provenant de cette division est grande ; mais c'est une multiplication de misère. Les familles se propagent au-delà des besoins des villes et des manufactures, et un grand nombre d'individus périssent des maladies occasionnées par le manque de nourriture. *Cela est arrivé à un tel point en France, qu'une loi serait absolument nécessaire pour empêcher toutes les divisions des propriétés au-dessous d'un arpent.* »

Ces témoignages suffisent pour établir que les prétendus *ravages de la petite culture s'exercent de longue date en France.* Le marquis de Mirabeau prétendait, dans sa *Philosophie rurale,* que la petite culture occupait les trois quarts des terres cultivées. Tout en faisant la part de l'exagération habituelle à l'écrivain, il n'en est pas moins certain que ce mode d'exploitation avait acquis une influence considérable, et si l'on en croit Arthur Young, dont les aveux sur ce point ne sauraient être suspects, cette influence de la propriété rendue accessible aux paysans était généralement bienfaisante. L'écrivain anglais donnait ainsi une sorte de démenti à ses alarmantes prédictions. « L'influence magique de la propriété convertit le sable en or, » dit-il en parlant d'une localité près de Dunkerque, et dans un autre passage il ajoute que les habitants de Sauve « changent leurs rochers en paysages fertiles, parce que ces rochers sont leur propriété. Ils agiraient de même sur des terres en friche, s'ils étaient animés par le même principe tout-puissant... De Gange à la montagne, formée d'un terrain âpre, que je traversai, ma course fut une des plus intéressantes que j'aie faite en France ; c'est là que les efforts de l'industrie sont le plus vigoureux, que l'animation est la plus active. Cette activité a renversé tous les obstacles qu'elle a rencontrés et a revêtu les rochers mêmes de verdure. Ce serait faire injure au sens commun que d'en demander la raison. La jouissance de la propriété *doit avoir produit ce résultat*. Donnez à un individu la possession assurée d'un rocher aride, et il le transformera en un jardin. »

Si nous multiplions les citations, c'est qu'il importe de bien fixer le point de départ de cette étude. Les observations recueillies par Arthur Young en 1787, 1788 et 1789 sont d'une valeur très grande. Pour constater l'empire qu'exerce entre les mains les plus dénuées de ressources le droit de propriété, est-il rien de plus décisif que ce témoignage d'admiration arraché au partisan déclaré de la grande culture par le spectacle des merveilles qui se présentaient à ses regards ! « La propriété de la terre, s'écrie-t-il encore, est de tous les stimulants le plus actif pour un travail pénible et incessant. Et cette vérité est d'une telle force et d'une telle étendue que je ne saurais pas de moyen plus sûr d'amener la culture au sommet d'une montagne que de permettre aux habitants des villages adjacents de l'acquérir en toute propriété. En réalité, nous voyons que dans les montagnes du Languedoc ils ont transporté de la terre à dos, dans des paniers, pour former un sol là où la nature l'avait refusé. » Nous avons récemment pu constater des faits analogues en Suisse : l'homme y fait la terre.

Peut-être, si Arthur Young avait pu prévoir le grand changement qui était à la veille de s'accomplir, si on lui avait appris que la terre devait passer en France, en majeure partie, entre les mains de ceux qui la cultivent, l'avenir lui serait apparu sous une couleur moins sombre, et il n'aurait pas tracé des lignes pareilles à celles-ci : « Les remarques que j'ai faites dans les diverses provinces de ce royaume démontrent à mes yeux que sa population surpasse tellement son industrie, qu'il serait beaucoup plus puissant et florissant, s'il comptait cinq ou six millions de moins dans le nombre de ses habitants. L'excessive population *qui le surcharge* présente de toutes parts un spectacle de misère absolument incompatible avec le degré de prospérité auquel il pouvait atteindre sous son ancien gouvernement. Le principal malheur de ce royaume est d'avoir une population si grande qu'*il ne peut ni l'employer, ni la nourrir.* »

Soixante-dix années ne se sont pas écoulées depuis le voyage d'Arthur Young, et la France emploie activement, elle nourrit beaucoup mieux une population qui s'est encore accrue de moitié ! L'affranchissement complet du sol doit revendiquer une bonne part dans ce grand résultat ; il permet à la propriété de passer librement entre les mains de ceux qui peuvent en tirer le meilleur parti, et l'on ne saurait oublier ici ces belles paroles de Montesquieu : « Les terres rendent moins en raison de leur fertilité que de la liberté de leurs habitants. »

Chose étrange ! Arthur Young trouvait la France trop peuplée alors qu'elle ne comptait que 24 millions d'âmes, et il attribuait à la division du sol la multiplication des habitants. Trente ans plus tard, Malthus prétendait que la France faisait une effrayante épreuve des effets que peut produire l'extrême division des propriétés, et il prédisait que ce pays serait, au bout d'un siècle, aussi remarquable par son extrême indigence que par l'extrême égalité des propriétés. « Il n'y aura plus guère d'autres personnes riches que celles qui recevront un salaire du gouvernement. » Enfin d'autres Anglais, traduisant ces craintes dans un mot d'une énergique trivialité, proclamaient que la France allait devenir une *garenne de pauvres*. Aujourd'hui les recensements successifs de la population prouvent qu'il n'est pas de pays où l'accroissement du nombre des habitants soit moins rapide qu'en France, alors que le développement de la production et l'augmentation de la richesse publique, ainsi que de l'aisance générale, suivent une progression rapide. Bien plus, c'est la division du sol et l'esprit de prévoyance particulier aux petits propriétaires que l'on commence à présenter comme la cause de la marche lente et de la situation presque stationnaire de la population. Ainsi jamais prédictions plus alarmantes n'ont reçu des faits un plus éclatant démenti.

La question soulevée avant 1789 fut agitée de nouveau avec une vivacité singulière en 1820 et en 1825. C'est à l'influence de nos lois civiles, à la constitution du sol qu'on s'attaquait alors. Le morcellement des propriétés était dénoncé comme une calamité nationale : on disait que le sol de la France était *pulvérisé*, qu'on ne comptait plus par hectares, ni même par arpents, qu'il n'était que trop commun de voir des pièces de terre d'une perche, ou même d'une toise. En 1825, ces plaintes prirent un caractère plus vif encore, et la chambre des députés entendait ces lamentables paroles : « Pourquoi tant de misère dans nos campagnes ? pourquoi nos denrées sans consommateurs, et notre bétail invendu, et nos villes désertes, et les producteurs s'épuisant en vains efforts pour trouver des gens qui achètent des meubles, des étoffes, même des vêtements et des souliers ? Ouvrez le code, là se trouve la solution ; *la propriété est réduite en poussière*, la loi française proscrit virtuellement la charrue ! »

Plus de trente ans se sont écoulés depuis cette époque ; il nous est permis de reconnaître par des chiffres combien était grande l'erreur qui dictait ces paroles. Le tableau offert de tous côtés par la situation actuelle de la France, la population mieux nourrie, mieux vêtue, mieux logée, les villes plus peuplées, l'industrie et le commerce plus florissants, l'agriculture plus active et plus féconde, protestent contre ces attaques, et il ne sera pas inutile de répondre par des chiffres inexorables à d'étranges hypothèses.

Sans doute la propriété est très divisée en France, la révolution, en affranchissant le sol de tous les liens féodaux et en aliénant les domaines nationaux, a élargi le cercle de la petite propriété, déjà fort étendu au XVIIIe siècle ; mais notre loi civile, qui obéit aux inspirations les plus pures de l'âme, en maintenant l'équité dans la famille, alors que la loi politique proclame l'égalité dans l'état, — notre loi civile n'a point produit les conséquences monstrueuses qu'on a voulu lui imputer. La grande et la moyenne propriété continuent de subsister à côté de la petite, et c'est à peine si le principe du partage des successions suffit pour contrebalancer l'active influence qu'exerce la force de concentration de la richesse et des possessions territoriales.

« L'accroissement du nombre des propriétaires, la création de nouveaux produits et de nouvelles richesses, l'accélération du mouvement des capitaux, voilà (ainsi s'exprimait en 1814 la chambre des pairs dans une adresse au roi) ce que l'on a vu naître au milieu des orages de la révolution. » Ces paroles peuvent s'appliquer encore à l'état actuel des choses ; l'expérience d'un demi-siècle n'a fait que confirmer les bienfaits amenés par la division du sol : elle a fait justice des appréhensions chimériques ou passionnées que faisait naître ce grand mouvement social. M. Droz a fort bien répondu à ceux qui redoutaient pour l'avenir un morcellement de la propriété porté à un tel point qu'il en résulterait l'indigence universelle. « Deux causes, disait-il, — l'intérêt du riche et l'intérêt du pauvre, — s'opposeront toujours à l'excès de subdivision redouté par des observateurs superficiels… Il y a une attraction qui fait graviter les champs épars vers les corps de ferme... Une trop grande division des propriétés peut momentanément exister sur tel point d'un état ; mais ce mal, que le temps fait disparaître et qui trouve des compensations, est à peu près nul dans la masse des intérêts sociaux. »

En 1825, le ministre de la justice, proposant de modifier notre code civil, rappelait le spectacle qu'offrait depuis 1815 le sol de la France. « Sur le nombre des taxes qui partageaient, disait-il, le sol de la France, combien s'élevaient jusqu'à 1,000 fr. ? 17,000. — Combien s'élevaient jusqu'à 500 fr. ? 40,000. — Combien ne s'élevaient pas au-dessus de 20 fr. ? 8 millions... Depuis 1815, l'état et la distribution du sol ont changé ; mais de quelle manière ? Le nombre des taxes de 20 fr. a augmenté d'un neuvième, celui des taxes de 500 fr. a diminué d'un tiers. » Ainsi donc en 1825 le gouvernement estimait à 9 millions le nombre des cotes inférieures à 20 fr., et à 26,000 environ le nombre des cotes supérieures à 500 fr., en y comprenant les centimes additionnels. Or en 1835 le nombre des cotes de 20 fr. et au-dessous n'atteignait pas le chiffre de 8 millions 1/2 (8,471,655), et le nombre des cotes de 500 fr. et au-dessus s'élevait à 46,557. — En 1842, un relevé analogue donne pour les cotes de 20 fr. et au-dessous le nombre de 8,873,951, et pour celui des cotes de 500 fr. et au-dessus, 55,208. — Dans l'intervalle de sept années, tandis que le premier chiffre ne s'était pas accru de 5 pour 100, le second avait augmenté de plus de 16 pour 100.

Sans doute les petites cotes se fractionnent, mais le mouvement devrait être bien plus accéléré à raison du nombre même de ces cotes : le contre-poids se rencontre dans les lumières du cultivateur et dans son intérêt. N'anticipons pas toutefois sur les observations que nous paraît devoir provoquer l'appréciation impartiale des faits accomplis. Commençons par établir les données qui permettent de remplacer les hypothèses par des chiffres, et les suppositions hasardées par un calcul mathématique.

Section II

La loi des finances de 1850 a prescrit une nouvelle évaluation des ressources que présente la propriété immobilière. Un pareil travail avait été accompli en 1821, en vertu d'une loi de 1818 ; les résultats obtenus à trente années d'intervalle abondent en enseignements précieux : il suffit de les mettre en regard pour faire écrouler bien des systèmes et pour répondre à bien des déclamations.

Un fait capital se présente d'abord : au dire des adversaires de notre loi civile, la France devait aller en s'appauvrissant sous l'influence fatale de la division des héritages. Or la valeur de la propriété immobilière, estimée en 1821 à 39,514,000,000 de francs, se trouve portée en 1851 à 83,744,000,000 de francs. Une partie de cet énorme accroissement provient, il est vrai, de la base différente d'évaluation admise aux deux époques. En 1821, le revenu net avait été capitalisé sur le pied de 4 pour 100, tandis qu'en 1851 cette capitalisation a eu lieu seulement sur le pied d'un peu plus de 3 pour 100 (3 fr. 16 c.) ; mais, en maintenant le mode suivi en 1821, on arrive encore à un total de 66 milliards pour la valeur vénale de la propriété immobilière, ce qui donne un accroissement absolu de plus de 50 pour 100. — Le revenu net de la propriété s'est élevé de 1,580,597,000 fr. à 2,643,366,000 fr., en présentant une augmentation de 67 pour 100.

Il serait difficile de rien ajouter à l'éloquence décisive de ces chiffres ; que pèsent en présence de ce résultat les terreurs chimériques et les sophismes passionnés ?

L'augmentation moyenne du revenu territorial a été, durant les trente années, de 1821 à 1851, de 2,2 par an, et celle de la valeur vénale, en tenant compte de la diminution du taux de la capitalisation, de 3,6 par an. Qu'on ne s'étonne donc pas de la constance avec laquelle les capitaux disponibles ont, jusqu'à ces derniers temps, recherché le placement territorial. En dehors des avantages d'opinion et de sentiment que présente la propriété du sol, comparée à l'avoir mobilier, il faut aussi tenir compte de l'accroissement, en quelque sorte virtuel, de la, valeur du bien possédé.

Nous devons faire remarquer qu'une partie notable de l'augmentation du prix vénal de la propriété immobilière provient de constructions nouvelles et d'améliorations foncières ; il y a donc un retranchement à opérer sur la progression nouvelle et spontanée de 3,6. Ce qui reste suffit néanmoins pour expliquer comment le revenu de la terre, fort réduit en apparence, étant grossi de l'augmentation de la valeur du capital, vient s'équilibrer avec le revenu que procurent d'autres modes de placement.

Les chiffres que nous avons reproduits en bloc ne donnent point une idée complète de l'influence exercée par la division du sol sur la richesse territoriale. Il faut en décomposer les éléments ; alors on obtient un résultat décisif, et on reconnaît que cet accroissement de la valeur territoriale et du revenu s'applique surtout à la petite propriété, cette cause prétendue d'appauvrissement et de misère. Tandis que la valeur de la grande propriété ne s'est guère accrue que de moitié, celle de la propriété divisée, *morcelée*, a triplé et quadruplé.

Nous n'avons pas besoin de dire que si nous envisageons en ce moment le côté purement matériel de la question, la division de la propriété est à nos yeux autre chose qu'un simple problème de production. Tout en tenant grand compte de la richesse publique, il est permis de faire passer en première ligne d'autres intérêts : la dignité de l'homme, l'esprit de prévoyance, les éléments de liberté et d'ordre, qui sont liés à la possession de la terre. Rien ne contribue plus à élever ces forces morales que le mariage entre l'homme et la terre ; la division de la propriété n'est pas seulement un instrument de production, elle est aussi un levier de civilisation et de progrès. En France plus que partout ailleurs, la nécessité de ce levier est irrécusable. La terre a besoin du concours du capital pour être fécondée : or de tout temps le *capital* proprement dit, la réserve du passé consacrée à la production, n'a concouru chez nous que faiblement à l'exploitation du sol. Celui-ci a dû les principales améliorations dont il a profité au labeur incessant, opiniâtre du petit cultivateur, qui l'arrose de ses sueurs, et dont le travail personnel, aidé du concours de la famille, a versé dans le sol une accumulation de ressources directement consacrées au ménage des champs. L'homme est la source première du capital ; les merveilles obtenues à l'aide de la petite propriété viennent surtout de ce qu'elle a été, suivant la belle expression de Sismondi, « une vraie caisse d'épargne toujours prête à recevoir tous les petits profits et à utiliser tous les moments de loisir du propriétaire. » Aussi des entreprises qui seraient impossibles, et qui deviendraient ruineuses s'il fallait y consacrer de nombreux salaires, se trouvent accomplies à force de courage, de patience, d'ardeur soutenue et de labeur acharné de l'homme, qui, pareil au géant de la fable, a vu doubler ses forces au contact du sol, devenu sa propriété.

Mais, dit-on, n'est-ce pas un triste spectacle que celui de cette terre découpée en tout sens, hachée, morcelée, de manière à rendre presque impossible la production des céréales et l'élève du bétail, de cette terre qui va sans cesse éparpillant ses forces, et qui semble condamnée, par l'influence fatale de notre loi civile, à la *culture naine*, dont les effets seraient aussi délétères que ceux des *latifundia* de l'ancienne Italie ? On a cité à l'appui de ces doléances le chiffre des parcelles et celui des *cotes foncières*.

La *parcelle* est chaque pièce de terre qui correspond à un numéro distinct du cadastre.

La *cote foncière* comprend les parcelles qui appartiennent au même propriétaire dans un arrondissement de perception.

Ce simple énoncé suffit pour faire comprendre que le nombre des parcelles ne conduit pas à connaître le nombre des propriétaires, puisque chacun de ceux-ci peut posséder et possède généralement un nombre plus ou moins considérable de parcelles.

Le chiffre des cotes foncières est plus instructif, bien qu'il arrive fréquemment que le même propriétaire possède des *parcelles* dans divers arrondissements de perception. Ce fait est tellement multiplié, que des personnes compétentes croient devoir estimer le nombre réel des propriétaires ruraux à la moitié de la quotité des cotes foncières.

En ce qui concerne le *morcellement matériel* du sol, en dehors de la question de possession, le chiffre des parcelles a toujours été présenté comme suivant une progression ascendante. Les états dressés en 1851 ne confirment point cette assertion.

Le nombre des parcelles était de 126 millions en 1821 ; il s'élève à 127 millions en 1851 ; mais cette augmentation apparente, toute faible qu'elle soit, a besoin d'être expliquée, et elle emprunte un caractère particulier à la décomposition de ces totaux.

La somme relevée pour 1821 se divisait comme il suit :

Nombre des propriétés bâties	6,577,000
Nombre de petites parcelles formant la dépendance des maisons	16,442,000
Nombre des parcelles de propriétés non bâties	102,981,000

Les chiffres correspondants de ces trois catégories sont pour 1851 :

Propriétés bâties	7,578,000
Parcelles attenantes aux maisons	18,945,000
Autres parcelles	100,477,000

Il résulte du rapprochement de ces données que les constructions nouvelles absorbent à elles seules l'augmentation d'un million constatée dans le chiffre total des parcelles ; en outre, 2 millions de parcelles ont accru les terrains qui se trouvent dans la dépendance des maisons, et qui constituent la véritable propriété *parcellaire* ; enfin une diminution pareille a réduit la quotité des parcelles qui se divisent le reste du sol.

Ainsi donc, en dépit de l'influence incessante de la loi des successions et de la tendance des héritiers à vouloir, au lieu de lots agglomérés de terrain, obtenir *un peu de tout partout*, la puissance virtuelle de l'intérêt du cultivateur a suffi pour que nos champs, loin de se fractionner davantage, s'agglomèrent dans une certaine mesure, et cela malgré les difficultés créées, en 1834, par la loi qui a enlevé à l'échange des propriétés le bénéfice de la dispense des droits proportionnels d'enregistrement !

Le fait constaté désormais, fait capital, c'est que le nombre des *parcelles rurales* a diminué. Qu'on ne vienne pas nous opposer quelques faits purement locaux qui tendraient à une conclusion différente : il faut se reporter à l'ensemble du territoire pour connaître la véritable *loi de la division du sol*.

C'est chose naturelle, nécessaire, que la propriété se morcelé dans certaines régions, tandis qu'elle se recompose dans d'autres ; il n'y a rien de capricieux dans ce double mouvement, qui est dominé par l'influence du marché de consommation, et il est dangereux de vouloir donner une solution *unique* à une question complexe.

La culture *intensive*, qui exige un grand emploi de forces productives, se propage à mesure que le caractère propre du marché permet de se livrer avec avantage à la production des fruits, des légumes, des plantes industrielles. Or le marché étend le rayon de l'action puissante qu'il exerce de deux manières : par l'accroissement du chiffre des populations agglomérées, et par la facilité des voies de communication.

Il est superflu d'insister sur ce point ; tout le monde sait que la population des villes augmente, et que les chemins de fer étendent singulièrement le rayon d'approvisionnement des grands centres. Le mouvement de transformation auquel nous assistons n'est qu'à son début ; mais ce qui a déjà été accompli permet de présumer les développements futurs.

Les avantages de la petite culture, de la *culture jardinage*, de la production des plantes industrielles, de la vente des produits accessoires que crée dans la France le génie vigilant du *ménage*, en un mot ce qui peut justifier et féconder la division du sol se généralise chaque jour, grâce à l'agent merveilleux de la civilisation moderne, grâce à la vapeur. La constitution du sol, qui était en grande partie, à n'envisager les choses que du point de vue économique, le résultat de la misère même des habitants, de l'absence d'un capital suffisant employé à l'acquisition ou à l'exploitation de la terre et aux améliorations de la culture, tend à se mettre en harmonie avec les exigences de la société moderne :

Et quod nunc ratio est, impetus antè fuit.

Pourquoi le nombre des parcelles ne s'accroît-il pas ? Pourquoi même semble-t-il entrer dans une voie rétrograde ? C'est qu'en même temps que la facilité des communications, augmentant avec l'importance des marchés, permet à la propriété divisée de recueillir d'heureux fruits, deux forces nouvelles et non moins énergies se développent en sens contraire : elles favorisent l'agglomération de la propriété en prêtant leur appui à une tendance spontanée que la loi de la division des héritages parvient seule à contrebalancer.

Section II

Ces deux forces sont la *puissance mécanique* et l'*accroissement du capital*.

La puissance mécanique a transformé l'industrie ; elle a partout fait obtenir un plus grand résultat avec une moindre dépense de forces ; elle a de plus en plus affranchi l'homme du travail de la brute pour lui assigner un labeur plus conforme aux besoins de son esprit ; elle a fait du progrès matériel l'instrument de l'élévation morale. Les moyens d'occupation n'ont pas fait défaut à l'ouvrier, comme on affectait de le craindre ; les métiers divers manquent de bras, et le salaire s'élève, parce que de plus en plus l'intelligence féconde le produit de l'application humaine. Si la machine s'est substituée en partie à l'œuvre des bras, elle a ouvert la voie à l'œuvre de la pensée, et multiplié les travaux où l'esprit marche avec la main.

Quelque chose d'analogue, et non pas d'identique car la nature des choses présente des différences saillantes, est à la veille de s'accomplir dans l'agriculture. La production agricole augmente, et les bras diminuent ; la culture *intensive* demande plus de dépense de forces, et la masse de celles qui s'emploient aux champs est au moins stationnaire. Qui pourra combler la lacune et rétablir l'équilibre ? *La mécanique agricole*.

La mécanique agricole a déjà réalisé de grandes choses en Angleterre ; elle commence petit à petit à rencontrer chez nous une application utile sous des formes aussi variées que les besoins agricoles mêmes. La vapeur ne se borne plus à filer, à tisser, à broder, à imprimer, à travailler le bois, à raboter, à forer, à percer, à scier le fer comme le bois lui-même, à pousser des villes flottantes sur l'océan et des convois de milliers d'hommes qui se croisent en tout sens, entraînés comme par le cheval de l'Apocalypse, sur deux bandes de fer attachées au sol ; elle bat le grain et le change en farine ; elle transforme en sucre et en esprit le produit de nos champs, elle féconde ceux-ci par l'irrigation de l'engrais, elle s'apprête à les défoncer, à les labourer et à faire la moisson !

Ici comme dans la manufacture, l'application des esclaves inanimés et obéissants que le génie de l'homme a évoqués pour supprimer à tout jamais la plaie hideuse de l'esclavage fait réaliser une grande économie, et donne des profits considérables. L'industrie agricole exercée sur une grande échelle ne saurait se dispenser de recourir à ce merveilleux agent, qui naturellement favorisera l'agglomération des propriétés partout où *la petite culture*, comme le petit métier vis-à-vis de la manufacture, ne pourra point lui opposer l'instrument, plus énergique encore, de l'intelligence, ou profiter des facilités du *marché* [1].

Ajoutez encore la hausse du salaire, générale aujourd'hui, et qui, nous devons l'espérer, ne sera pas un fait purement transitoire. Elle contribuera, avec le manque de bras, à populariser l'emploi des machines agricoles, et par conséquent à augmenter les avantages relatifs de la grande culture.

Par un concours de circonstances aussi remarquable que naturel, quand l'emploi de la puissance mécanique devient de plus en plus nécessaire, le capital indispensable pour lui donner naissance grandit dans une progression rapide. — Qu'on ne s'y trompe point : si le taux de l'intérêt s'est beaucoup élevé partout dans ces derniers temps, ce n'est pas que le monde manque de ressources ; c'est que le capital, rencontrant aujourd'hui un grand nombre d'emplois très productifs, ne se localise plus : il va chercher dans l'univers entier le mode de placement le plus avantageux. Tout grandit à la fois au milieu d'une situation économique florissante, — l'intérêt, la rente et le salaire.

Le capital mobilier augmente ; il fournit donc les moyens de construire les machines, et en même temps il se présente avec plus d'abondance pour acquérir la machine fondamentale de la production, la terre, partout où cette acquisition peut lui promettre un avantage sérieux.

Aucuns liens n'immobilisent la propriété territoriale, si ce n'est l'impôt de mutation. À chaque moment, cette propriété peut passer librement entre les mains qui lui feront le plus produire ; mais rien n'oblige à diviser les propriétés, la loi se borne à permettre cette division. Elle favorise le mode de constitution du sol le plus flexible, celui qui, à chaque époque, s'approprie le mieux aux besoins généraux.

Si l'équilibre est rompu d'un côté ou de l'autre, le plus sûr intermédiaire pour le rétablir au milieu d'une civilisation avancée, c'est la *concurrence*. La révolution a enfanté les merveilles des temps modernes en dégageant le sol de toute entrave féodale, en ouvrant à tous également l'accès de la propriété. C'est cette liberté qui porte avec elle, comme la lance d'Achille, le remède aux maux isolés qu'elle peut traîner à sa suite. C'est elle qui est l'agent le plus actif de la justice, comme la source la plus féconde d'une richesse bien répartie ; c'est grâce à elle que la force naturelle qui chasse le mal dans un corps vigoureux, la *vis medicatrix*, peut se développer. Chacune des formes de la division du sol, — la *grande*, la *moyenne*, la *petite propriété*, — conserve sa raison d'être, et développe mieux ses avantages relatifs à mesure qu'elle accuse son type distinct. Ces trois formes sont destinées non pas à s'anéantir l'une par l'autre, mais à se compléter au moyen d'une division rationnelle du travail agricole qui correspond au mode même de division du sol. L'unité du principe libéral, loin d'entraîner l'uniformité des procédés, les diversifie, à leur grand avantage.

La grande propriété profitera de l'accroissement du capital et de l'énergique auxiliaire des machines ; elle parviendra à multiplier la masse des denrées, sans exiger plus d'hommes pour les produire, et par conséquent en augmentant la réserve disponible.

La petite propriété cessera de plus en plus d'être la conséquence de l'absence du capital. Elle continuera de féconder le sol, en lui faisant produire le plus, grâce à un labeur rude et intelligent. Ce n'est pas simplement la routine qui la dirigera désormais, c'est l'alliance de plus en plus intime, dans un cercle modeste, de l'expérience et des lumières. Il est de nombreux produits que l'accès facile du marché multiplie, et que la petite culture peut seule créer avec avantage, en défiant tout l'attirail mécanique de la grande propriété, tout comme il est des professions qui résistent victorieusement à l'invasion de la grande manufacture.

Toutefois le résultat le plus favorable à notre sens, ce sera un accroissement d'étendue et de force au profit de la *propriété moyenne*, qui, en agriculture comme en industrie, dans le domaine du travail comme dans le domaine de la politique, forme l'élément le plus précieux de la liberté et de la félicité publique. La classe moyenne des propriétaires se recrute de tous ceux dont l'intelligence et l'activité ont conquis une certaine position d'aisance ; elle peut tirer le meilleur parti de l'agglomération *libre* des parcelles que la nature du sol ou la position topographique ne destine point à la petite culture. Elle empêchera également une prépondérance trop envahissante de la grande propriété, car elle aussi pourra profiter du concours des machines, soit en les achetant au moyen d'une association de ressources facilement réalisable, soit en les construisant avec l'aide des capitaux, assurés de rencontrer des hommes assez capables et assez actifs pour garantir la *location temporaire de la force mécanique*. C'est au milieu de la propriété moyenne que l'intelligence des procédés agricoles recevra le plus rapide développement, en se communiquant de proche en proche à l'ensemble de la culture.

Qu'on ne voie point ici un jeu de l'imagination, ni une fantaisie optimiste. Le mouvement parallèle du progrès accompli simultanément par la grande, par la moyenne et par la petite propriété ne se borne pas à être l'expression d'un vœu. Dès aujourd'hui, c'est une réalité acquise, et il n'est pas besoin, pour l'assurer, de recourir à aucun artifice de la loi civile.

Section III

Dans son curieux travail sur les *divers Systèmes de culture*, M. Hippolyte Passy a donné le tableau du mouvement des cotes foncières de 1835 à 1842 : c'est l'époque la plus récente à laquelle on ait fait cette classification instructive.

Nombre des cotes foncières

	1835	1842	Augmentation
Au dessous de 5 fr.	5,205,411	5,440,580	4 52 pour 100.
De 5 à 10 fr.	1,751,994	1,818,474	8 80
De 10 à 20 fr	1,514,250	1,614,897	6 65
De 20 à 30 fr	739,206	791,711	7 10
De 30 à 50 fr.	684,135	744,911	8 88
De 50 à 100 fr.	553,230	607,956	9 89
De 100 à 500 fr.	398,714	440,104	10 17

De 500 à 1,000 fr.	33,196	36,862	11 63
Au-dessus de 1,000 fr	13,361	16,346	22 34
Totaux	10,893,528	11,511,841	

Il est peu de documents de nature à fournir de plus importantes indications.

Le fait capital qui résulte de ce parallèle, c'est que, si le chiffre total des cotes foncières a augmenté de 618,313, c'est-à-dire de moins de 5,7 pour 100, cet accroissement s'est proportionnellement réparti sur toutes les catégories des cotes foncières, en suivant (à l'exception des cotes au-dessous de 5 francs, qui ont plus augmenté que celles de 5 à 10 fr.) *une progression constante, à mesure que s'élève la quotité de l'impôt*[2].

Est-ce que l'augmentation simultanée survenue dans toutes les cotes foncières, et qui se prononce d'autant plus que celles-ci s'appliquent à une propriété plus importante, ne justifie pas notre opinion d'une manière éclatante ? — Hâtons-nous d'ajouter que, si depuis 1835 à 1842 le capital mobilier s'est accru, sa force d'expansion est incomparablement plus grande aujourd'hui, et que la mécanique agricole n'en était alors qu'à quelques faibles et timides essais. Les deux causes efficientes de l'agglomération de la propriété agiront maintenant avec une énergie bien plus développée.

Mais, dira-t-on, d'où peut provenir ce phénomène de l'augmentation simultanée du nombre de toutes les cotes foncières ? La France n'a pas fait de conquêtes, et son territoire ne s'est pas subitement élargi. — Non sans doute, mais il a été mieux et plus complètement cultivé. En outre, de nombreuses constructions se sont élevées de toutes parts, comme signe du progrès accompli et comme cause d'un progrès nouveau.

Il y a plus : si le nombre des cotes au-dessous de 5 francs a augmenté, n'y voyons point la preuve d'un envahissement plus général du territoire par la culture morcelée, c'est le contraire qui a lieu : l'*agglomération* agit avec plus de puissance que la *division*.

Celle-ci devrait naturellement grandir avec rapidité en vertu de la loi de l'héritage, les familles pauvres étant plus nombreuses que les familles plus aisées ou riches, et les propriétaires qui paient les plus faibles cotes n'étant pas relativement ceux qui acquittent en plus grand nombre leurs contributions dans plusieurs arrondissements de perception à la fois. C'est donc ici surtout que s'appliqueraient ces sinistres prophéties : *la propriété s'émiette, le sol tombe en poussière !* — Oui, cette partie de la propriété est plus divisée, chaque fraction est plus exiguë en moyenne ; oui, le morcellement a fait des progrès dans ce sens ; mais que ceux qui ne partagent pas notre sentiment ne se hâtent pas de triompher de cet aveu, car, loin de ruiner nos arguments, il les fortifie.

La moyenne de chaque fraction est plus faible, avons-nous dit, et cependant la somme totale de ces cotes minimes ne s'accroît guère. Quelle est la conséquence irrécusable de ce fait ? C'est que la surface du sol occupée par la propriété très fractionnée, loin de s'étendre, se resserre, c'est que la *masse* en devient moins considérable, et, s'il nous est permis d'employer le langage des sciences exactes, que la *pesanteur spécifique* de cette fraction de la propriété, comparée à l'ensemble du territoire français, *diminue*.

La question présente en effet deux faces, et ceux qui s'en sont occupés ont ordinairement négligé l'une d'elles. Ce n'est pas tout que de connaître le chiffre des cotes foncières et de se lamenter en faisant ressortir combien il grossit, et combien l'étendue des parcelles se resserre : plus cette étendue est restreinte, et moins l'ensemble des petites cotes pèse dans la balance de l'agriculture française.

Telle est la réalité des choses ; notre territoire ne souffre matériellement que fort peu de cet envahissement progressif de la propriété qui rattache de plus en plus les prolétaires à la fortune publique.

Tristes propriètaires, dit-on, que ceux qui ne possèdent le plus souvent qu'une masure et qu'un carré de jardin, qui doivent fréquemment à leur misère d'être dispensés de la contribution personnelle, ou bien (six cent mille sont dans ce cas) acquittent moins de 65 centimes d'impôt ! Certes ce n'est pas de notre part que pourrait venir la glorification d'un pareil état de choses, ce n'est pas le bien absolu, tant s'en faut ; mais c'est un progrès, et nous ne nous sentons nullement disposé à préférer l'immobilité à une marche lente et continue. Parce que le sort de tant de millions d'hommes ne s'est encore que faiblement amélioré, faut-il nous rejeter vers le spectacle de l'oppression et de la misère qui pesaient jadis sur la France ?

Ce sont, dites-vous, toujours des prolétaires : soit ; mais, s'ils ne possèdent qu'une masure, au moins n'ont-ils pas de loyer à payer : s'ils n'ont qu'un carré de jardin, ils peuvent y puiser un utile supplément de denrées, grâce à ce travail sain et fortifiant que procure le contact de la propriété. Les plaindrait-on moins, s'ils n'avaient ni abri, ni coin de terre à leur disposition ? Ces *lois parcellaires*, qui appartiennent aux journaliers de la campagne ou aux ouvriers de la fabrique, ne sont-ils pas un des faits les plus remarquables et les plus rassurants de la situation présente ?

Que ceux qui regrettent un passé impossible à ressusciter gémissent ; qu'ils disent, en déplorant la substitution de ce qu'ils appellent la *loi agraire* à la *loi féodale*, objet de leur aveugle préférence : « Les terres ont été divisées, et de là s'est formé cet ordre de paysans qui ont envahi l'Europe et subdivisé le sol [3]. » Ce qu'ils condamnent, nous sommes disposé à le bénir ; ce qui leur semble une cause de décadence, nous le regardons comme un instrument de progrès matériel et d'élévation morale.

La division du sol procure en effet une existence indépendante au plus grand nombre, une aide à la fois matérielle et morale à ceux qui demandent leur entretien au salaire.

Le revenu net exprime ce que la famille du petit propriétaire obtient en dehors du travail payé sur le produit, ce qu'elle aurait été obligée de sacrifier comme prix de fermage. Elle est donc plus riche d'autant, quelque mince que soit ce revenu, et en outre, sans parler des liens qui la rattachent au sol et à l'état, elle profite de l'inappréciable avantage de posséder *un métier au soleil*, qui lui permet d'utiliser les jours où l'occupation salariée vient à manquer.

Que dirons-nous des avantages que présente la petite propriété au point de vue essentiel de la *répartition des richesses* ? Il convient d'écouter à ce sujet un des économistes les plus autorisés de l'Allemagne, Rau : « Quand on veut, dit-il, discerner ce qui est utile ou nuisible au bien-être d'un peuple, il faut ne pas se borner à mesurer la quantité de la richesse générale, mais s'inquiéter de savoir comment cette richesse est répartie entre les divers membres de la société. La petite propriété n'a pas seulement pour elle l'avantage de fournir une plus grande masse de produit *brut* et de produit *net*, elle la répartit mieux. Plus de *ménages* peuvent vivre dans l'indépendance, et le nombre des simples *salariés* diminue ; les plus minces bénéfices répandent au milieu de cette population nombreuse les éléments de l'aisance et du perfectionnement moral. Pendant que l'on écarte le danger de ces existences qui énervent le corps et l'âme, et que multiplie la concentration exclusive de la richesse entre un petit nombre de mains, l'esprit industrieux des petits cultivateurs songe à donner l'emploi le plus productif aux plus faibles épargnes. Sans doute les frais d'exploitation sont plus considérables, mais ils contribuent à fournir l'entretien des hommes laborieux. La population rurale, qui forme, sans contredit, la partie la plus utile de la nation, se développe en mettant en œuvre toutes les forces productives du pays, et en même temps les autres classes peuvent se multiplier, car on leur fournit plus de matières premières et de denrées. Ces avantages se révèlent avec une énergie d'autant plus grande, que ceux qui cultivent possèdent plus généralement le sol comme propriétaires. Alors en effet le *produit net*, au lieu de s'écouler entre des mains étrangères, profite à l'agriculture. »

Ce sont, dit-on encore, les petits propriétaires qui s'endettent le plus, et l'on fait miroiter le chiffre de 12 milliards de créances hypothécaires ; on parle d'intérêts de 10,12 et 15 p. 100. Nous ne saurions épuiser en ce moment la grave question des conditions de l'emprunt contracté par la terre, mais il faut montrer au moins à quoi se réduit en réalité le mal que l'on signale. M. Passy [4] a raison de dire que l'on a trop assombri les couleurs. On généralise des faits isolés, en présentant la propriété française comme courbée sous le poids d'embarras excessifs. Sans doute beaucoup de propriétaires souffrent, beaucoup de biens sont fortement grevés, et il importe de leur venir en aide ; mais l'ensemble du sol *est moins obéré en France que dans le reste de l'Europe*. Les évaluations les plus larges ne dépassent pas réellement dix milliards ; il en est d'autres qui, faites avec soin, descendent à six milliards, et en adoptant le chiffre de sept milliards, déduction faite des hypothèques légales et des inscriptions périmées, nous croyons que l'on force la vérité. On contractait annuellement, il y a quelque temps, pour 550 millions d'emprunts hypothécaires ; mais on sait combien ce mode de placement a perdu depuis quelques années, combien il est difficile de se procurer des fonds sur hypothèque. Admettons néanmoins que la quotité de 500 millions continue encore de représenter le mouvement annuel des contrats ; les prêts se sont répartis dans la proportion suivante en 1842, et c'est la proportion moyenne :

	prêts	fr.
7 pour 100, de 400 fr. et au-dessous	155,220	36,640,000
13 pour 100, de 400 à 1,000 fr	89,803	62,421,000
80 pour 100, au-dessus de 1,000 fr	84,553	392,513,000
Total	329,576 prêts	491,575,000 fr.

Suivant que l'on attribue à la petite culture les prêts de 400 fr. et au-dessous, ou que l'on veuille mettre à son compte, ce qui serait évidemment exagéré, tous les prêts de 1,000 fr. et au-dessous, la dette totale de la petite propriété flotte entre 500 millions et 1 milliard de francs. La valeur de la propriété immobilière dépasse aujourd'hui 80 milliards : elle n'est donc pas grevée, dans son ensemble, *d'un dixième*.

Quant à l'intérêt, il est élevé dans beaucoup de cas, et surtout pour le petit propriétaire. Parvenir à le ramener à un taux plus modéré, tout en multipliant les ressources affectées au sol, c'est un des problèmes essentiels du moment. Néanmoins, en adoptant cette pensée (et qu'il nous soit permis de le dire, nous avons été des premiers à la soumettre à l'attention du pays [5], il y a dix-huit ans), il faut ne rien exagérer, et surtout tenir compte d'une distinction essentielle beaucoup trop méconnue. Un homme dont la parole fait autorité en cette matière, M. Boussingault, a dit : « Il faut distinguer *le produit du fond* et *le profit de l'industrie du cultivateur*. Si le cultivateur empruntait pour améliorer ses cultures, il pourrait payer un taux aussi élevé que s'il s'agissait d'une autre industrie. »

Et il démontre que si le capital engagé dans l'achat de la terre ne rapporte que 3 pour 100, *la solidité du placement expliquant la modicité du revenu, le capital d'exploitation produit 8 et 10 pour 100* [6]. Or pour le petit propriétaire, qui cultive lui-même, le *crédit foncier* se confond avec le *crédit agricole* ; il est en état de servir un intérêt beaucoup plus élevé que ne pourrait le faire supposer le taux de la *rente foncière*, car c'est son travail qui fait fructifier les sommes mises à sa disposition.

Ici encore, tout en nous hâtant de reconnaître que d'heureuses réformes peuvent être accomplies, nous devons donc repousser les exagérations. La *dette hypothécaire* et plus encore la *dette chirographaire*, dans leur forme habituelle, sont une plaie pour l'agriculture ; mais ce n'est pas la petite propriété qui a le moins de ressources pour supporter ce fardeau.

On ajoute enfin : Le paysan n'emprunte pas pour mieux cultiver ; il emprunte pour acheter encore de la terre, pour *s'arrondir*. C'est souvent vrai, et cette tendance peut avoir certains inconvénients. Faisons-le remarquer néanmoins : le reproche est singulier dans la bouche de ceux qui s'effraient de la division du sol, car ces acquisitions successives constituent un des moyens efficaces d'agglomérer les parcelles. Si le capital employé y passe, il en est un autre qui naît, pour le remplacer, du labeur ardent du propriétaire, qui fertilise le sol en le remuant [7].

D'ailleurs la passion avec laquelle le paysan a épousé la terre présente un élément de force et de sécurité. Nous serions en ce moment plus porté à nous inquiéter de voir cette passion diminuer au contact des séductions qu'exercent les titres des valeurs mobilières, facilement réalisables, — le coupon de rente, l'action de chemins de fer, — et de tant d'autres entreprises, moins solides, qui pénètrent jusque dans nos hameaux. C'est là un entraînement passager que combattra d'une manière efficace l'application féconde de nouvelles forces et de nouveaux procédés à la culture. Les déceptions mêmes qui ont affecté le marché des valeurs mobilières ne peuvent manquer de faire refluer les capitaux vers la terre.

Reprenons la question de la division du sol où nous l'avons laissée quand nous avons entamé la question du *crédit*. Si les petites cotes se multiplient, c'est en vertu du double contingent que leur fournit d'une part une heureuse *accession* de ceux qui ne possédaient rien à la propriété, et d'un autre côté le *partage*. Celui-ci toutefois est loin d'agir avec l'intensité qu'on lui suppose. Il rencontre pour contre-poids *l'union conjugale*, qui, sous l'empire d'une législation équitable, ne faisant peser d'exclusion sur personne, reconstitue par un accord volontaire ce que l'*égalité* du partage a divisé ; la *faculté d'acquisition*, ouverte à tous, et qui facilite l'agglomération libre des parcelles, en faisant passer la terre entre les mains de celui qui saura en tirer le meilleur parti ; enfin l'*échange*, qui permet d'*arrondir* les propriétés, et qui produirait des résultats beaucoup plus utiles, si la malheureuse innovation de la loi de 1834 était abolie, et si le *droit de mutation* n'atteignait point les arrangements destinés à diminuer l'éparpillement et l'enchevêtrement des parcelles.

Nous sommes loin de nier le mal qui existe sous ce rapport, nous ne voulons pas la *dispersion* des parcelles ; mais parce que l'état actuel présente quelques inconvénients auxquels il est facile de remédier sans porter la main sur la loi civile, formule des conquêtes de la révolution, nous nous garderons bien de généraliser des faits particuliers et de sonner le tocsin d'alarme contre la libre division de la propriété.

Le mouvement de morcellement dont on s'effraie, en le constatant surtout pour les cotes au-dessous de 5 francs, devrait être beaucoup plus accéléré en raison de leur nombre. Elles se fractionnent, nous l'avons dit ; l'importance individuelle s'en s'atténue, mais le chiffre de ces petites cotes ne grandit que lentement, et la surface du territoire qu'elles occupent va plutôt en diminuant. C'est un des éléments qui contribuent à augmenter, par voie d'agrégation successive, le domaine de la grande et surtout de la moyenne propriété.

L'accroissement de la population marche d'un pas plus rapide que la multiplication des petites cotes foncières ; nous avons déjà constaté que celles-ci ne participent que pour la plus faible part à l'augmentation générale du nombre des cotes foncières. Plaçons en regard le chiffre progressif des côtes et celui de la population :

	Cotes foncières	Population
1815	10,083,731	29,152,743 habitants
1821	10,700,000	30,461,875
1835	10,893,528	33,326,573
1836	10,998,730	33,540,910
1842	11,511,846	34,376,722
1851	12,393,366	35,783,170
1852	12,549,954	«
1853	12,653,715	«
1854	12,745,350	«
1855	12,822,738	36,039,364

Nous avons déjà dit combien était considérable l'élément des constructions nouvelles dans le chiffre total de l'accroissement des cotes foncières. Dans les cinq années 1851-1855 par exemple, l'augmentation générale des cotes a été de 429,372 ; mais comme les constructions nouvellement imposées s'élevaient à 164,479, l'excédent des cotes applicable au sol se réduit à 264,893. On a vu que de 1821 à 1851 le nombre des propriétés bâties, qui était de 6,877,000, s'est élevé à 7,578,000 : cet accroissement de plus d'un million doit, en majeure partie, être retranché du chiffre correspondant de l'augmentation des cotes foncières. Le nombre de celles-ci a passé de 10,700,000 à 12,394,000 (en chiffres ronds) ; il s'est accru en tout de 1,694,000, y compris les bâtiments. La proportion totale serait donc d'un sixième environ, tandis que la proportion d'accroissement de la population atteint presque le cinquième. Si l'on déduisait les bâtiments en entier, nous n'aurions, pour l'augmentation du nombre des côtes, que 693,000, c'est-à-dire moins d'un quinzième, tandis que la population s'est accrue du sixième au cinquième.

Ce n'est pas tout : un examen plus précis des données obtenues par les grands travaux statistiques accomplis en 1821 et en 1851 nous permet d'asseoir notre opinion d'une manière plus décisive, et nous ne saurions trop insister sur ce point.

Le nombre total des parcelles était, avons-nous dit, en 1821, de 126,000,000, en 1851 de 127,000,000, d'où résulte une augmentation apparente d'un million de parcelles.

Nous avons décomposé les deux totaux, et nous avons vu qu'en 1821, le nombre des propriétés bâties était de	6,5877,000
et le nombre des petites parcelles formant la dépendance des maisons, de	16,442,000
Total	23,019,000
Tandis qu'en 1851 le nombre des propriétés bâties était de	7,578,000
et celui des petites parcelles formant la dépendance des maisons, de	18,945,000
Total	26,523,000

Il y a donc eu un accroissement de 3,504,000 parcelles, qui porte entièrement sur ces deux catégories, tandis que le nombre des parcelles des propriétés non bâties, qui était en 1821 de 102,981,000, est descendu en 1851 à 100,477,000, en se réduisant de 2,504,000.

Ce sont là les véritables *parcelles agricoles*, celles qui constituent nos champs. Le chiffre en a diminué de 2 1/2 pour 100 durant les trente années qui séparent 1821 de 1851. Comment peut-on parler après cela de progrès du morcellement ?

Il y a eu accroissement pour les propriétés bâties et pour les petites parcelles qui y sont contiguës ; cette multiplication est-elle un mal ?

Il y a eu aussi, nous le reconnaissons volontiers, fractionnement d'un certain nombre de parcelles agricoles ; mais comme le chiffre total a *diminué* de 2 1/2 pour 100, la moindre contenance d'une certaine partie conduit nécessairement à admettre une contenance plus grande pour l'autre partie, et par conséquent l'*agglomération*, fruit des transactions libres. Notre opinion se trouve donc *mathématiquement* démontrée.

Section IV

Que devient en présence de ces chiffres la prétention de limiter, en vertu d'une disposition légale, la faculté de diviser le sol à une étendue quelconque, d'établir un *minimum* qui ne pourrait être qu'essentiellement *relatif*, suivant les temps et les lieux ?

Dans le projet de code rural de 1808, car les plaintes ne datent pas d'hier, et les moyens empiriques n'ont jamais manqué de promoteurs, on parlait d'un huitième d'hectare, de 12 ares 1/2.

Supposons un moment que cette limite ait été dépassée pour la majeure partie des cotes de 5 francs ; qu'on soit même, pour toutes, descendu au-dessous de la fixation *prévoyante* conseillée au législateur. Rien de plus aisé que de faire ce calcul. La contravention aurait porté sur moins de 750,000 *hectares*, car nous ne comptons certainement pas 6 millions de cotes au-dessous de 5 francs. Le territoire de la France se compose de 53 millions d'hectares, la contenance imposable approche de 50 millions (en 1851, elle était de 49,326,000 hectares) ; il ne s'agit donc pas du soixante-dixième de l'étendue totale du sol. Le péril n'est pas extrême. Cependant la moitié au moins de ces 6 millions de cotes au-dessous de 5 francs portent sur des propriétés bâties ; il faudrait donc descendre à la proportion d'un cent quarantième, en supposant toujours, nous le rappelons, que toutes les petites cotes aient été passibles de contravention.

Si, au lieu de cotes foncières, on voulait se rabattre sur les 100 millions de parcelles de la propriété territoriale (supposition la plus extrême cette fois encore, et qui nous permet de recourir à la démonstration que les mathématiciens appellent la *réduction à l'absurde*, celle d'une propriété divisée en entier en parcelles inférieures à la limite légale de 12 ares 1/2), il ne s'agirait pas de 12 millions d'hectares, pas le quart du territoire imposable !

La *limitation* étant inapplicable aux propriétés bâties et aux terrains y attenant, les appréhensions qui auraient pu provoquer une telle mesure s'effacent d'elles-mêmes devant l'examen attentif et impartial des faits. En 1842, les cotes, non pas de 5 francs et au-dessous, qui font pousser le cri d'alarme, mais toutes celles de 20 francs et au-dessous, ne payaient que le cinquième du total de la contribution foncière (52,600,000 fr. sur 268,000,000 fr.). La grande et la moyenne propriété occupaient donc les quatre cinquièmes du sol, et si la proportion s'est modifiée depuis, ce n'est pas à leur détriment. Le mal n'est donc pas si grand qu'on a voulu le prétendre ; là où il existe, il n'exige nullement que l'on démolisse le code pour le guérir. Un minime changement dans les lois d'enregistrement, voilà ce qu'il serait opportun de demander au législateur, en se confiant, pour le reste, à l'empire des lumières et de la liberté.

Il nous reste encore à puiser dans le parallèle entre deux époques, — 1821 et 1851, — d'autres données non moins intéressantes sur la situation de la propriété foncière.

Le territoire français est mieux cultivé : on comprend maintenant l'avantage pour un pays riche et peuplé de bien exploiter un espace plus restreint plutôt que d'attaquer avec des moyens insuffisants une vaste étendue de terrain ; mais en même temps que l'on a tiré meilleur parti du sol déjà défriché, on a fait aussi des conquêtes nouvelles. Les landes, pâtis, bruyères, tourbières, marais, montagnes incultes, terres vaines et vagues, occupent cependant encore *le septième* du territoire de la France. On aurait tort de s'imaginer qu'il serait possible de transformer avantageusement toutes ces vastes étendues en terrains cultivés. Le plus souvent le produit serait loin de payer la dépense, et d'ailleurs cette opération exige une masse de forces et de capitaux qui implique le concours de nombreuses générations. Il y aurait grand danger à éparpiller les ressources existantes, alors qu'en les appliquant à un espace plus circonscrit, on pourrait s'en promettre un plus grand profit. Néanmoins, quand on ne dépasse pas une juste mesure, le travail de défrichement et d'appropriation de terres nouvelles peut produire des résultats avantageux. Il sera singulièrement favorisé aujourd'hui, dans de nombreuses contrées, par l'influence des chemins de fer et en général des voies perfectionnées de communication qui ouvrent l'accès des marchés.

De 1821 à 1851, la division du territoire français par genre de cultures s'est modifiée, en ce sens que les jardins et les terres labourables ont gagné en étendue, les uns 4,075, les autres 310,691 hectares ; les prés et herbages en ont gagné 3,847, et les vignes 111,692. Il y a eu plus de 420,000 hectares conquis, dans l'espace de trente ans, sur les bois et les landes, en moyenne 14,000 hectares par an.

Nous avons déjà signalé l'accroissement énorme de la valeur vénale de la propriété immobilière (83,743,000,000 au lieu de 39,514,000,000, augmentation 109 pour 100 ou 3,6 par an) et celle du revenu net (2,643,366,000 au lieu de 1,580,597,000, augmentation de 67 pour 100 ou 2,2 par an). Aujourd'hui (1857), la valeur du revenu net de la propriété territoriale s'élève à *trois milliards*.

La contribution foncière en principal était :

	Francs
1821	172,588,000
1851	160,277,000

Elle avait donc diminué de 12,311,000, et cette diminution aurait été bien plus considérable, si le principal de l'impôt ne s'était point accru des impositions sur constructions nouvelles, qui de 1835 à 1851 ont monté à 5,600,000 fr. La contribution foncière, y compris les centimes additionnels, était :

	Francs
1821	241,016,000
1851	259,074,000

Ce qui révèle un accroissement apparent de 18,058,000, compensé en très grande partie par l'impôt sur les constructions nouvelles, sans parler des avantages *directs* que les centimes additionnels ont procurés à la propriété foncière (constructions de routes, écoles, etc.). Il est une autre proportion plus saillante encore, celle du rapport du *principal* de l'impôt foncier, ainsi que de l'impôt total, y compris les centimes additionnels, avec la valeur vénale et avec le revenu de la propriété.

Section IV

Principal

	1821	1857
Rapport au revenu	1 fr. sur 9 fr. 16 c.	sur 16 fr. 49 c.
Rapport à la valeur vénale	1 à 432	à 523

Avec les centimes additionnels :

	1821	1857
Rapport au revenu	1 fr. sur 6 fr. 56 c.	sur 10 fr. 20 c.
Rapport à la valeur vénale	1 à 166	à 323

Il en ressort donc une augmentation, par rapport au revenu, de 7 fr. 33 cent, et 3 fr. 64 cent., et par rapport à la valeur vénale, de 290 fr. et 137 fr.

La cote moyenne de la contribution foncière, qui représentait en 1821 une valeur vénale de 3,738 fr. et un revenu de 148 fr., donne pour 1851, comme chiffres correspondants, 6,757 fr. pour la valeur vénale, et 213 fr. pour le revenu. La charge moyenne de la contribution foncière, loin de s'accroître dans la même proportion, a diminué ; elle était en 1821, en principal, de 16 fr. 13 c, et, avec les centimes additionnels, de 22 fr. 53 c ; elle est descendue en 1851 à 12 fr. 93 c. en principal, et à 20 fr. 90 c. avec les centimes additionnels.

Enfin chaque propriétaire possédait en moyenne en 1821 : en valeur vénale 5,901 fr., en revenu 233 fr. ; il payait en principal 25 fr. 46 c, et avec les centimes additionnels 35 fr. 55 c. En 1851, ces chiffres avaient subi la double influence d'une forte augmentation pour la valeur vénale et le revenu, et d'une certaine diminution pour l'impôt. Chaque propriétaire possédait en moyenne une valeur vénale de 10,674 fr., un revenu de 338 fr., et il payait en principal 20 fr. A3 c, avec les centimes additionnels, 33 fr. 02 c.

Avons-nous besoin d'accompagner ces chiffres de quelque commentaire ? Aucun raisonnement ne saurait fortifier l'impression que de pareils résultats ne peuvent manquer de produire. Comment les expliqueront ceux qui parlent de la *décadence de la France* depuis la révolution, et qui déplorent les conséquences de notre loi des successions et de la division du sol ?

Le *mariage* recompose ce que l'héritage divise.

Le *libre accès* de la propriété diminue le nombre des prolétaires.

L'accroissement du capital et le *développement de l'intelligence* facilitent l'agglomération libre de la propriété partout où celle-ci est profitable.

La *puissance mécanique* unie à la *puissance du capital* menacerait de reconstituer des *latifundia*, si la division des héritages et la *petite culture* n'avaient point reçu l'assistance de voies de communications perfectionnées, de marchés, de consommation plus vastes et du progrès des lumières.

La *moyenne propriété* s'étend sous l'empire de nos lois civiles et sous l'influence du développement économique de la société.

La *culture naine* n'occupe qu'une très faible fraction du territoire ; elle diminue d'importance relative, au lieu de s'étendre. Cette culture *parcellaire* a d'ailleurs des avantages moraux et politiques qui lui sont propres, et que des lois limitatives de la division du sol risqueraient de compromettre.

Les progrès accomplis par la richesse agricole depuis 1821 jusqu'en 1848 ont été plus considérables qu'à aucune autre époque.

Enfin la France, prise en bloc, est encore et restera un pays où domine l'étendue superficielle de la *grande* et de la *moyenne* propriété ; la terre y passe de plus en plus entre les mains de ceux qui savent le mieux la féconder. L'influence de notre loi des successions suffit à peine pour contrebalancer la force de concentration inhérente au capital et à la propriété.

En commençant cette étude, nous avons dit que nous voulions nous appuyer sur des faits ; ceux que nous avons signalés, les chiffres que nous avons produits parlent assez haut. Ces faits et ces chiffres, nous les avons puisés dans des documents officiels réunis à la suite de deux enquêtes de l'administration des finances, ordonnées par les lois de 1818 et 1850. Les circonstances au milieu desquelles ces enquêtes ont été exécutées ajoutent encore à la valeur des observations recueillies. En 1821, le classement nouveau du territoire, amené par l'aliénation des domaines nationaux, avait en très grande partie produit son effet naturel, et le *mouvement normal* de la propriété commençait. En 1851, on a pu constater les changements accomplis durant la grande période de notre histoire que termine 1848, car, nous l'avons déjà fait remarquer, ce n'est pas de 1848 à 1851 que la progression de la richesse agricole a pu se développer. Nous dirons plus, les évaluations de 1851 ont été faites au milieu de circonstances défavorables, alors que le prix vénal de la propriété immobilière était avili, et que le revenu territorial se trouvait déprimé. Cependant la valeur de la propriété avait doublé à cette époque, et le revenu avait augmenté de deux tiers ! Tel est le bilan de la situation de 1821 à 1848, sous l'empire du code civil et de la libre répartition de la propriété du sol.

Notes

1. Il est des personnes qui trouveront exagérées les espérances que nous fait concevoir le développement de la mécanique agricole. Ce sont des appréciations qu'il est fort difficile de ramener à l'exactitude mathématique ; mais nous devons le faire remarquer, en ce qui touche la division du sol, peu importe que nous ayons raison ou tort sur ce point. Un des argumens favoris de ceux qui combattent la pleine liberté de mouvement dans la constitution de la propriété consiste à présenter un sol morcelé comme un obstacle au plus grand de tous les progrès, à l'emploi des machines, dont on exalte la féconde puissance. Or de deux choses l'une : ou les machines prêteront un concours énergique à la culture, et dans ce cas l'avantage qui résulte de ce concours ne peut manquer de produire le résultat économique que nous signalons dans notre travail, ou bien l'application de la mécanique agricole n'est qu'un rêve ; mais alors que devient la critique dirigée de ce point de vue contre la division de la propriété ? Celle-ci ne pourrait être traitée en coupable que si elle faisait obstacle à un progrès sérieux.

2. Il est essentiel de faire remarquer que de 1835 à 1842 le taux de l'impôt foncier a fort peu changé en France.

3.   Mounier et Rubichon, de l'Agriculture en France, t. II, 362.

4.   Dictionnaire d'Économie politique, voyez l'article Agriculture.

5.   Mémoire sur la Mobilisation du Crédit foncier, présenté à l'Académie des Sciences morales et politiques, le 13 juillet 1839.

6.   Enquête du conseil d'état sur le crédit foncier, séance du 28 mai 1850.

7.   Dans l'enquête du conseil d'état sur le crédit foncier (1850), M. Mauny de Mornay a très ingénieusement expliqué l'avantage que rencontrent les propriétaires à s'arrondir par l'acquisition de parcelles contiguës. Les frais généraux restant les mêmes, le produit brut s'accroît proportionnellement, sans nécessiter d'autre dépense que quelques heures de plus de travail. Or les petits propriétaires surtout profitent des moments de liberté que leur laisse l'exercice d'antres industries pour les employer à la culture de leurs terres, qui leur assurent toujours de l'ouvrage, et qui deviennent une sorte de caisse d'épargne d'un travail qui risquerait sans cela de s'évaporer faute de moyen de condensation. Cette épargne permet à beaucoup de cultivateurs d'éteindre par portions le prix de leur acquisition, faite même à un prix élevé. Ils paient ce prix par annuités, bien que leurs obligations ne soient pas souscrites sous cette forme ; ils stipulent ordinairement, dans beaucoup de localités, le droit de se libérer par portions, et d'anticiper les termes du paiement. Ainsi l'acquittement des dettes, voilà le placement ordinaire des épargnes du cultivateur dans le midi. On appelle cela payer pension. Quand des cultivateurs ne doivent plus rien, ils empruntent, achètent une propriété, et paient pension au prêteur ou au vendeur.

ISBN : 978-1978105249

www.ingramcontent.com/pod-product-compliance
Lightning Source LLC
Chambersburg PA
CBHW050249230526
45470CB00005B/2179